Impressum
Verlag: BABADADA GmbH, Nedderfeld 112 , 22529 Hamburg
Geschäftsführer / Verlagsleitung: Harald Hof
Druck: Books on Demand GmbH, In de Tarpen 42, 22848 Norderstedt

Imprint
Publisher: BABADADA GmbH, Nedderfeld 112 , 22529 Hamburg, Germany
Managing Director / Publishing direction: Harald Hof
Print: Books on Demand GmbH, In de Tarpen 42, 22848 Norderstedt, Germany

la escuela
בית ספר

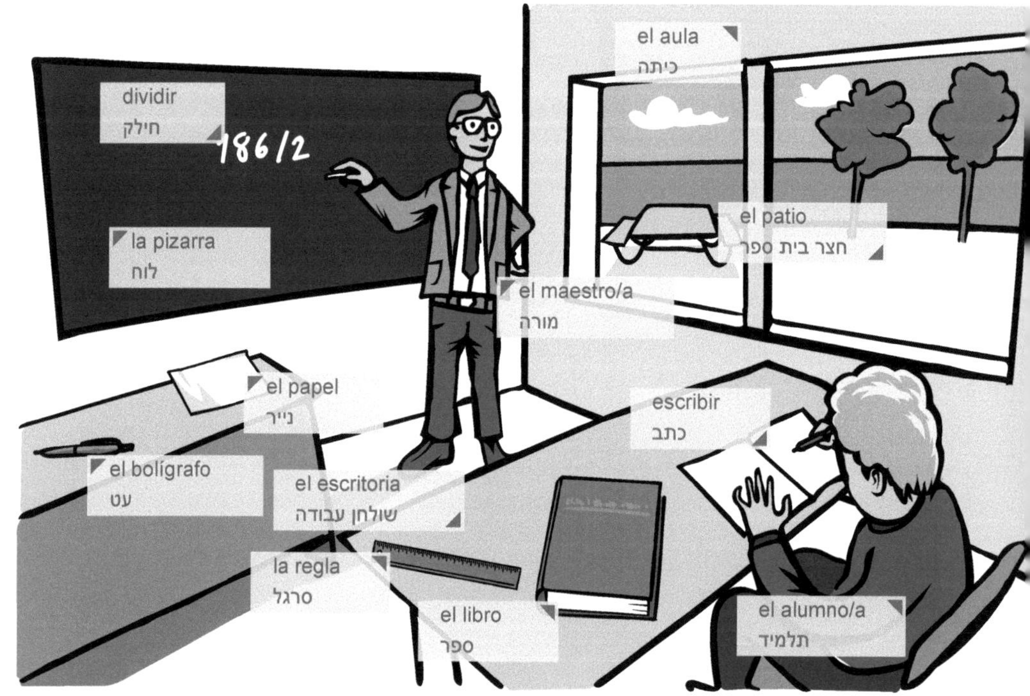
el aula
כיתה
dividir
חילק
186/2
la pizarra
לוח
el patio
חצר בית ספר
el maestro/a
מורה
el papel
נייר
escribir
כתב
el bolígrafo
עט
el escritoria
שולחן עבודה
la regla
סרגל
el libro
ספר
el alumno/a
תלמיד

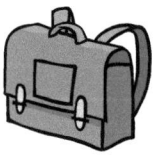

la cartera

ילקוט

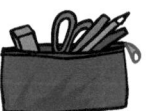

la caja de lápices

קלמר

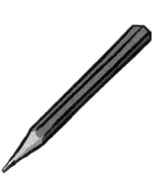

el lápiz

עיפרון

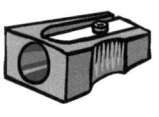

el sacapuntas

מחדד

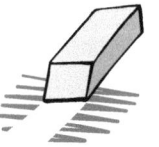

la goma de borrar

גומי מחיקה

el cuaderno de dibujo

חוברת סרטוט

el dibujo

סרטוט

el pincel

מברשת

la caja de pinturas

קופסת צבעים

las tijeras

מספריים

el pegamento

דבק

el cuaderno de ejercicios

ספר תרגול

los deberes

שיעור בית

el número

מספר

sumar

חיבר

restar

חיסר

multiplicar

הכפיל

calcular

חישב

la letra

אות

el alfabeto

אלפבית

la palabra

מילה

el texto

טקסט

leer

קרא

la tiza

גיר

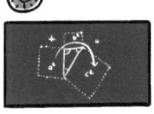

la lección

שיעור

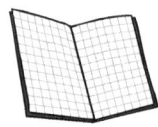

el cuaderno de notas

יומן נוכחות

el examen

מבחן

el certificado

תעודה

el uniforme

תלבושת בית ספר

la educación

חינוך

la enciclopedia

אנציקלופדיה

la universidad

אוניברסיטה

el microscopio

מיקרוסקופ

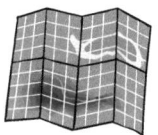

el mapa

מפה

la papelera

סל נייר

el viaje

נסיעה

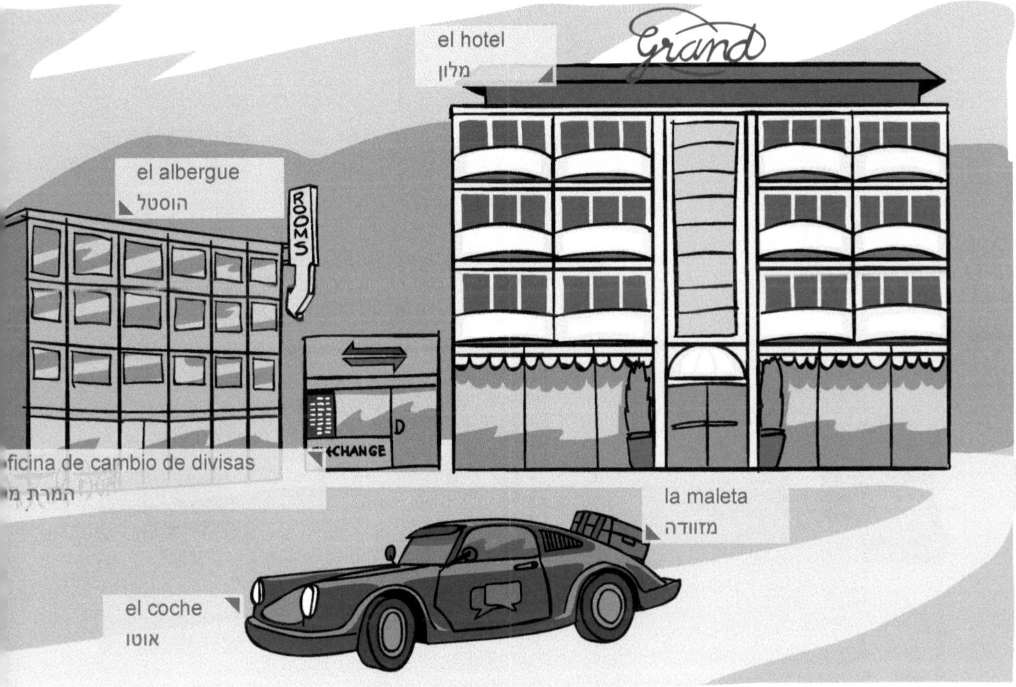

el hotel
מלון
Grand
el albergue
הוסטל
ROOMS
ficina de cambio de divisas
המרת מ
€CHANGE
la maleta
מזוודה
el coche
אוטו

el idioma

שפה

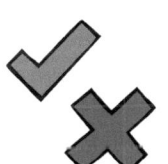

sí / no

כן / לא

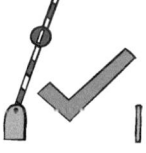

Vale

בסדר

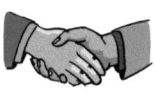

hola

שלום

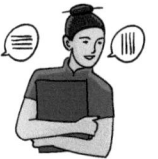

el traductor

מתרגם

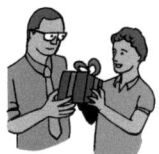

Gracias

תודה

¿cuánto es...?

כמה עולה.....?

No entiendo

אני לא מבין

el problema

בעיה

¡Buenas tardes!

ערב טוב!

¡Buenos días!

בוקר טוב!

¡Buenas noches!

לילה טוב!

adiós

להתראות

la dirección

כיוון

el equipaje

כבודה

la bolsa

תיק

la mochila

תרמיל גב

el invitado

אורח

la habitación

חדר

el saco de dormir

שק שינה

la tienda de campaña

אוהל

la información turística

מרכז מידע לתיירים

la playa

חוף ים

la tarjeta de crédito

כרטיס אשראי

el desayuno

ארוחת בוקר

el almuerzo

ארוחת צהריים

la cena

ארוחת ערב

el billete

כרטיס

el ascensor

מעלית

el sello

בול

la frontera

גבול

la aduana

מכס

la embajada

שגרירות

la visa

אשרה

el pasaporte

דרכון

el transporte

תחבורה

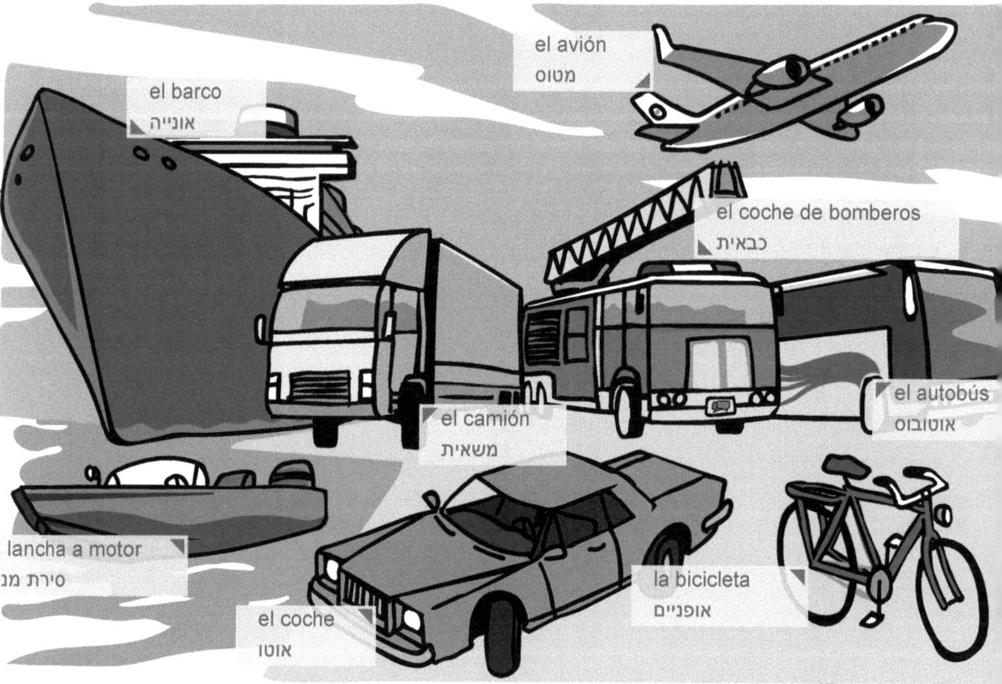

el avión
מטוס
el barco
אונייה
el coche de bomberos
כבאית
el camión
משאית
el autobús
אוטובוס
la lancha a motor
סירת מנוע
la bicicleta
אופניים
el coche
אוטו

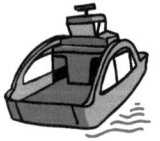

el transbordador

מעבורת

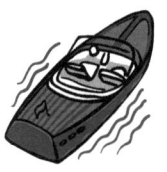

la barca

סירה

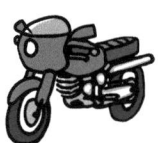

la moto

אופנוע

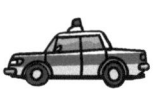

el coche de policía

ניידת משטרה

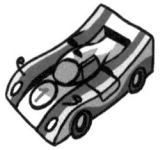

el coche de carreras

מכונית מרוץ

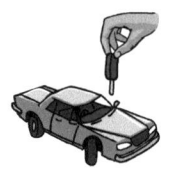

el coche de alquiler

רכב שכור

préstamo de vehículos

מכוניות בשיתוף

la grúa

אוטו גרר

el camión de la basura

משאית זבל

el motor

מנוע

la gasolina

דלק

la gasolinera

תחנת דלק

la señal de tráfico

תמרור

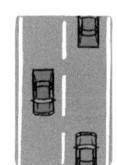

el tráfico

תנועה

el atasco

פקק תנועה

el aparcamiento

חניה

la estación de tren

תחנת רכבת

las vías

פסי רכבת

el tren

רכבת

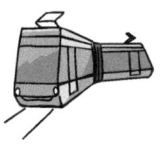

el tranvía

רכבת קלה

el vagón

קרון

el helicóptero

מסוק

el aeropuerto

שדה-תעופה

la torre

מגדל

el pasajero

נוסע

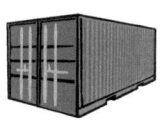

el contenedor

קונטיינר

la caja de cartón

קרטון

la carretilla

עגלה

la cesta

סל

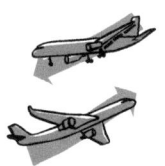

despegar / aterrizar

המראה / נחיתה

la ciudad

עיר

el pueblo

כפר

el centro de la ciudad

מרכז העיר

la casa

בית

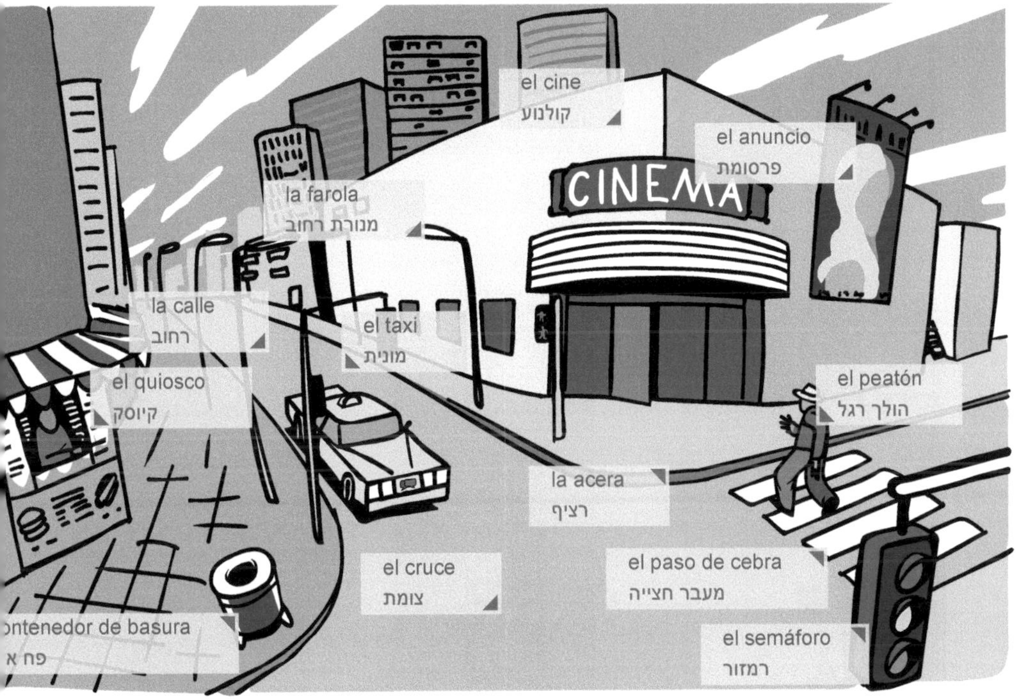

el cine
קולנוע

el anuncio
פרסומת

la farola
מנורת רחוב

CINEMA

la calle
רחוב

el taxi
מונית

el quiosco
קיוסק

el peatón
הולך רגל

la acera
רציף

el cruce
צומת

el paso de cebra
מעבר חצייה

el semáforo
רמזור

ontenedor de basura
פח א

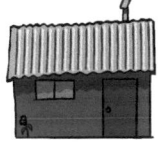

la cabaña

בקתה

el apartamento

דירה

la estación de tren

תחנת רכבת

el ayuntamiento

עירייה

el museo

מוזיאון

la escuela

בית ספר

la universidad

אוניברסיטה

el banco

בנק

el hospital

בית חולים

el hotel

מלון

la farmacia

בית מרקחת

la oficina

משרד

la librería

חנות ספרים

la tienda de campaña

חנות

la floristería

חנות פרחים

el supermercado

סופרמרקט

el mercado

שוק

los grandes almacenes

כל-בו

la pescadería

מוכר דגים

el centro comercial

קניון

el puerto

נמל

el parque

פארק

el banco

ספסל

el puente

גשר

las escaleras

מדרגות

el metro

רכבת תחתית

el túnel

מנהרה

la parada de autobús

תחנת אוטובוס

el bar

בר

el restaurante

מסעדה

el buzón

תא דואר

el poste indicador

שלט רחוב

el parquímetro

מדחן

el zoo

גן חיות

la piscina

בריכת שחיה

la mezquita

מסגד

la granja

חווה

la contaminación

זיהום

el cementerio

בית עלמין

la iglesia

כנסייה

el patio de juego

מגרש משחקים

el templo

בית מקדש

el paisaje

נוף

la hoja
עלה

la señal
תמרור

el camino
דרך

el prado
מרעה

la piedra
אבן

el excursionista
מטייל

el árbol
עץ

el río
נהר

la hierba
דשא

la flor
פרח

el valle

בקעה

la colina

הר

el lago

אגם

el bosque

יער

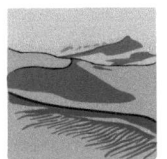

el desierto

מדבר

el volcán

הר געש

el castillo

טירה

el arcoíris

קשת בענן

el champiñón

פטריה

la palmera

דקל

el mosquito

יתוש

la mosca

זבוב

la hormiga

נמלה

la abeja

דבורה

la araña

עכביש

el escarabajo

חיפושית

la rana

צפרדע

la ardilla

סנאי

el erizo

קיפוד

la liebre

ארנב

la lechuza

ינשוף

el pájaro

ציפור

el cisne

ברבור

el jabalí

חזיר בר

el ciervo

צבי

el alce

אייל הקורא

la presa

סכר

la turbina eólica

טורבינת רוח

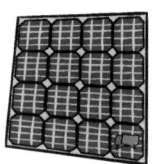

el panel solar

פנל סולארי

el clima

אקלים

el restaurante
מסעדה

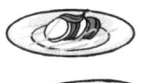

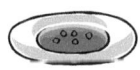

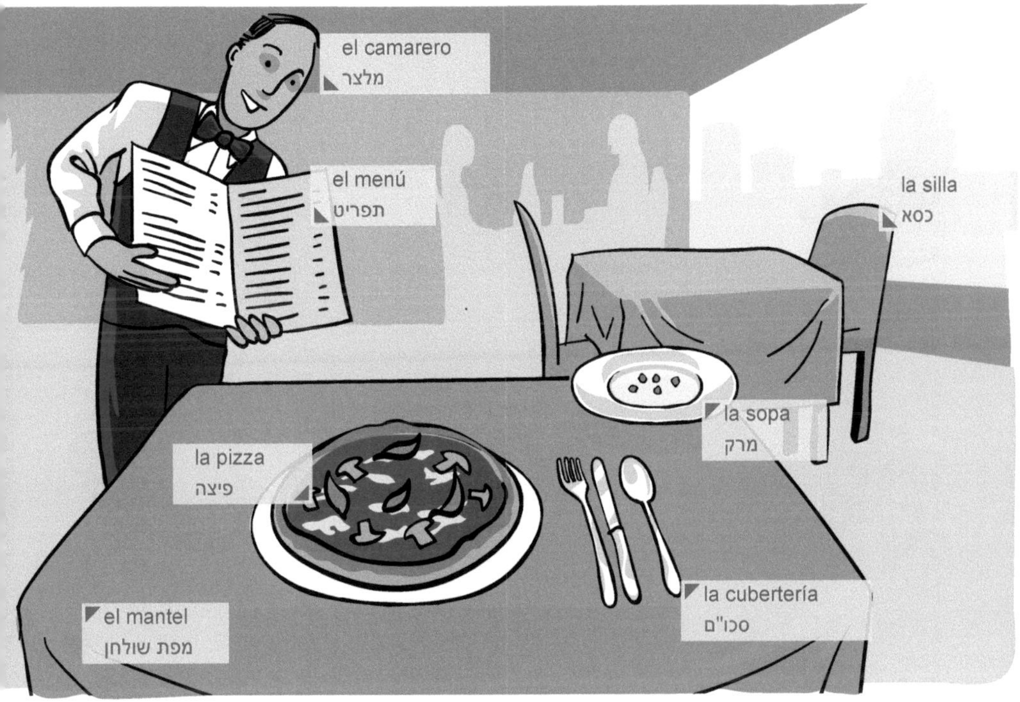
el camarero
מלצר
el menú
תפריט
la silla
כסא
la sopa
מרק
la pizza
פיצה
la cubertería
סכו"ם
el mantel
מפת שולחן

el primer plato

מנת פתיחה

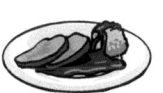

el plato principal

מנה עיקרית

el postre

קינוח

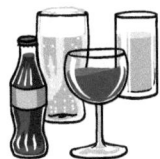

las bebidas

שתיות

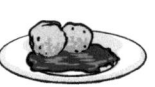

la comida

אוכל

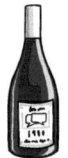

la botella

בקבוק

la comida rápida

מזון מהיר

la comida callejera

אוכל רחוב

la tetera

קנקן תה

el azucarero

מסכרת

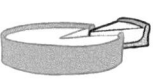

la porción

מנה

la cafetera expreso

מכונת אספרסו

la trona

כסא תינוק

la cuenta

חשבון

la bandeja

מגש

el cuchillo

סכין

el tenedor

מזלג

la cuchara

כף

la cucharilla

כפית

la servilleta

מפית

el vaso

כוס

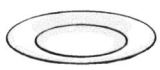

el plato

צלחת

el plato hondo

קערת מרק

el platillo

תחתית

la salsa

רוטב

el salero

מלחייה

el molinillo de pimienta

מטחנת פלפל

el vinagre

חומץ

el aceite

שמן

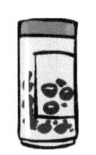 

las especias

תבלינים

el ketchup

קטשופ

la mostaza

חרדל

la mayonesa

מיונז

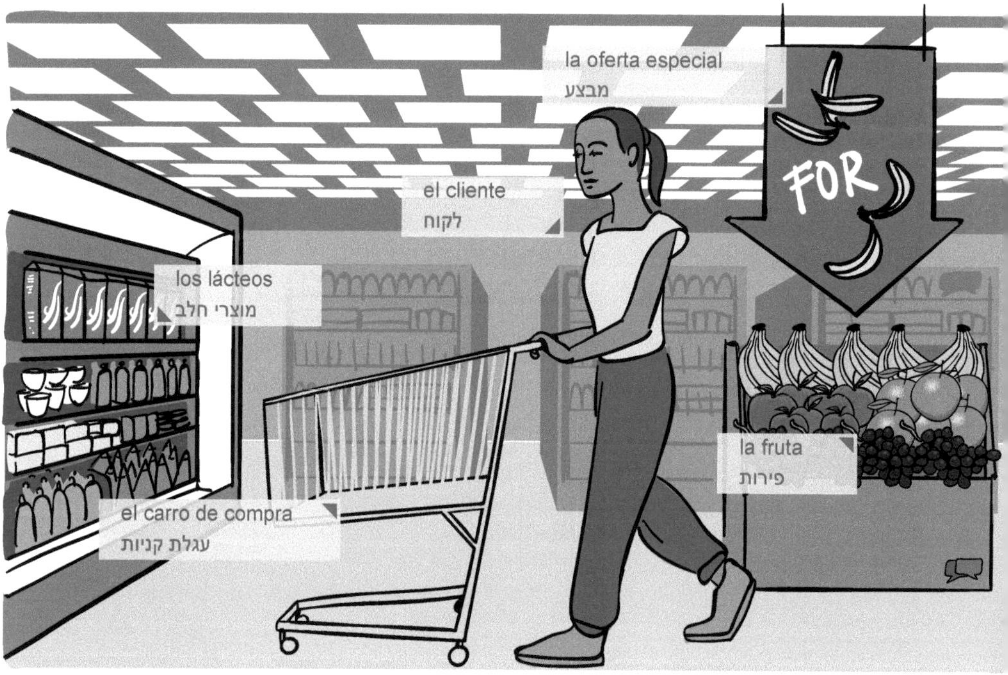

la oferta especial
מבצע
FOR
el cliente
לקוח
los lácteos
מוצרי חלב
la fruta
פירות
el carro de compra
עגלת קניות

BUTCHERS

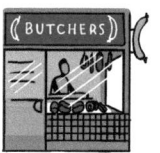

la carniceria

אטליז

BAKERY

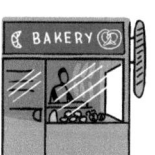

la panadería

מאפייה

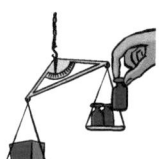

pesar

שקל

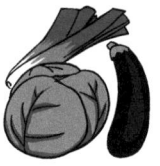

las verduras

ירקות

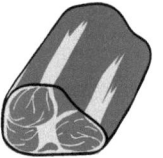

la carne

בשר

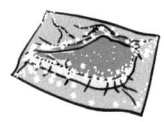

los alimentos congelados

מזון קפוא

los fiambres

בשר קר

las conservas

שימורים

el detergente en polvo

אבקת כביסה

los dulces

ממתקים

productos de uso doméstico

מוצרי בית

productos de limpieza

חומר ניקוי

la vendedora

מוכרת

la caja de cartón

קופה

el cajero

קופאי

la lista de la compra

רשימת קניות

el horario de atención al público

שעות פתיחה

la cartera

ארנק

la tarjeta de crédito

כרטיס אשראי

la bolsa de plástico

תיק

la bolsa de plástico

שקית ניילון

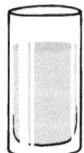

el agua

מים

el zumo

מיץ

la leche

חלב

la cola

קולה

el vino

יין

la cerveza

בירה

el alcohol

אלכוהול

el cacao

קקאו

el té

תה

el café

קפה

el expreso

אספרסו

el capuchino

קפוצ'ינו

el plátano

בננה

la manzana

תפוח

la naranja

תפוז

el melón

אבטיח

el limón

לימון

la zanahoria

גזר

el ajo

שום

el bambú

במבוק

la cebolla

בצל

el champiñón

פטריות

las avellanas

אגוזים

los fideos

אטריות

las espagueti

ספגטי

el arroz

אורז

la ensalada

סלט

las patatas fritas

צ'יפס

las patatas fritas

צ'יפס

la pizza

פיצה

la hamburguesa

המבורגר

el sándwich

כריך

el filete

שניצל

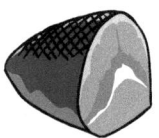

el jamón

שינקין

le salami

סלאמי

la salchicha

נקניקיה

el pollo

עוף

el asado

טיגון

el pescado

דג

los copos de avena

שיבולת שועל

el muesli

מוזלי

los copos de maíz

קורנפלקס

la harina

קמח

el cruasán

קרואסון

el panecillo

לחמנייה

el pan

לחם

la tostada

טוסט

las galletas

עוגיות

la mantequilla

חמאה

la cuajada

גבינה לבנה

el pastel

עוגה

el huevo

ביצה

el huevo frito

ביצת עין

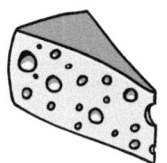

el queso

גבינה

el helado

גלידה

el azúcar

סוכר

la miel

דבש

la mermelada

ריבה

la crema de turrón

ממרח נוגט

el curry

קארי

la granja
חווה

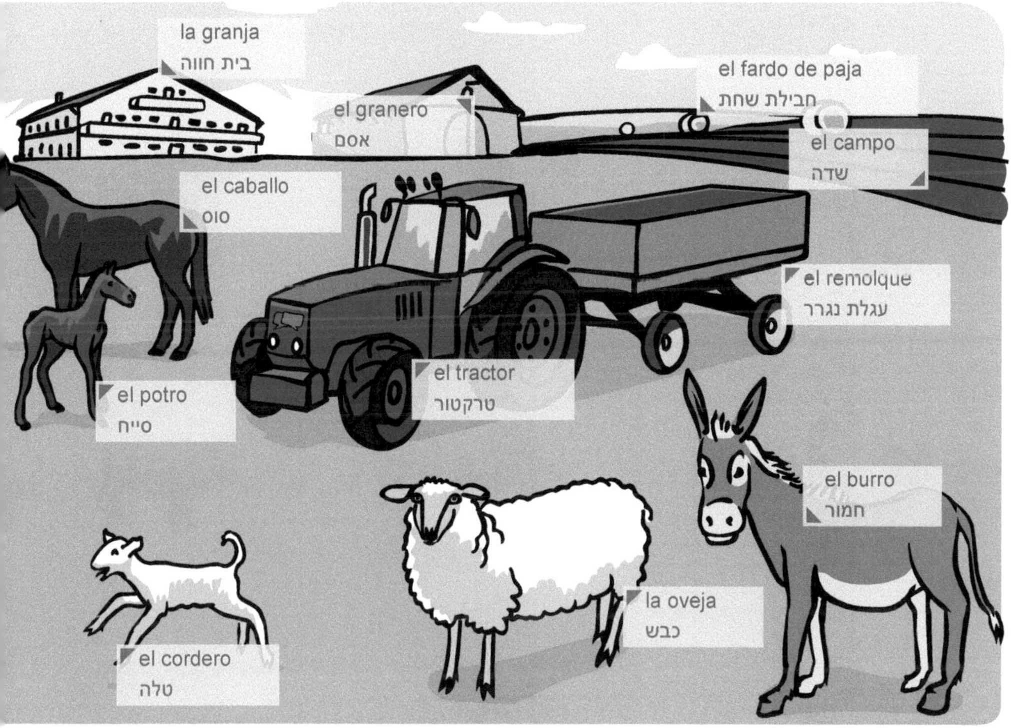

la granja
בית חווה
el granero
אסם
el fardo de paja
חבילת שחת
el campo
שדה
el caballo
סוס
el remolque
עגלת נגרר
el tractor
טרקטור
el potro
סייח
el burro
חמור
la oveja
כבש
el cordero
טלה

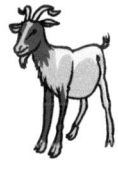

la cabra
עז

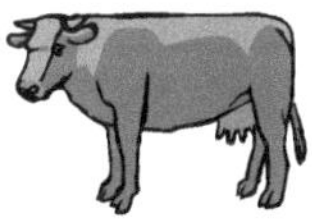
la vaca
פרה

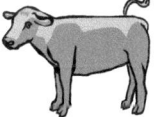

el ternero
עגל

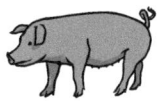

el cerdo
חזיר

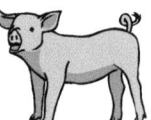

el cerdito
חזרזיר

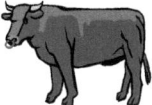

el toro
שור

el ganso

אווז

el pato

ברווז

el pollo

אפרוח

la gallina

תרנגולת

el gallo

תרנגול

la rata

חולדה

el gato

חתול

el ratón

עכבר

el buey

שור

el perro

כלב

la perrera

מלונה

la manguera

צינור השקיה

la regadera

קנקן מים

la guadaña

חרמש

el arado

מחרשה

la hoz

מגל

la azada

מגרפה

la horca

קלשון

el hacha

גרזן

la carretilla

מריצה

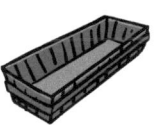

el abrevadero

שוקת

la lechera

כד חלב

el saco

שק

la valla

גדר

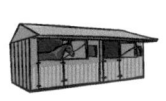

el establo

אורווה

el invernadero

חממה

el suelo

אדמה

la semilla

זרע

el fertilizador

דשן

la cosechadora

מקצרה

cosechar

קצר

la cosecha

קציר

el ñame

בטטה אפריקנית

el trigo

חיטה

el soja

סויה

la patata

תפוח אדמה

el maíz

תירס

la semilla de colza

קנולה

el árbol frutal

עץ פירות

la mandioca

קסבה

las cereales

דגנים

la casa
בית

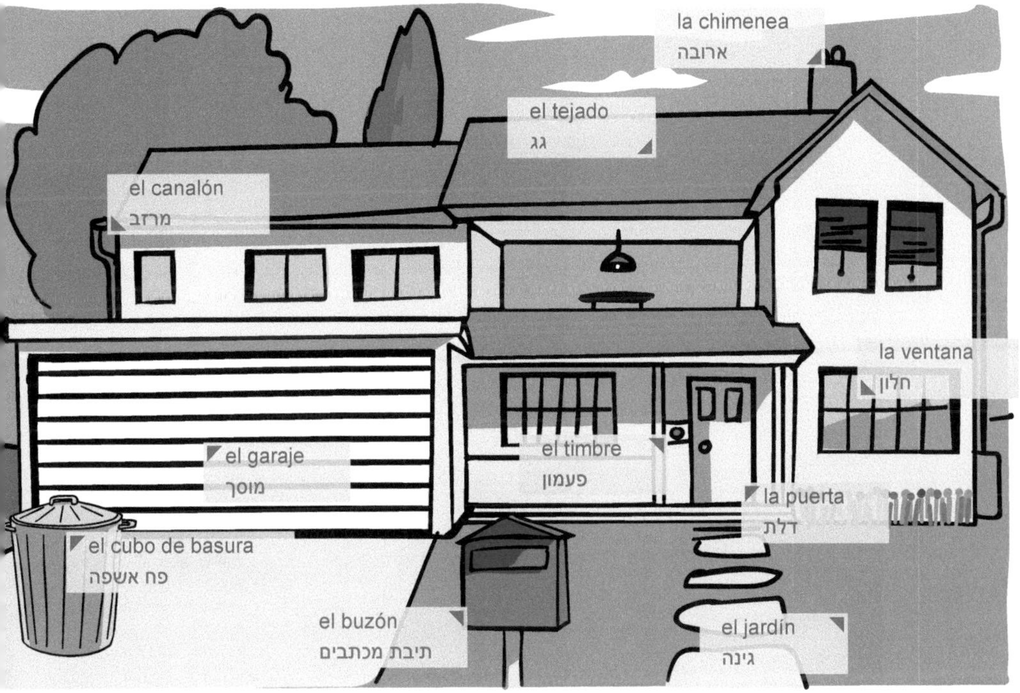

la chimenea
ארובה
el tejado
גג
el canalón
מרזב
la ventana
חלון
el garaje
מוסך
el timbre
פעמון
la puerta
דלת
el cubo de basura
פח אשפה
el buzón
תיבת מכתבים
el jardín
גינה

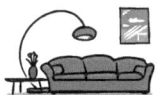

la sala
....
סלון

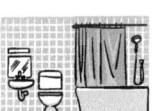

el cuarto de baño
....
חדר אמבטיה

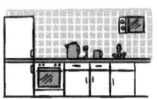

la cocina
....
מטבח

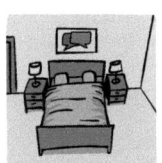

el dormitorio
....
חדר שינה

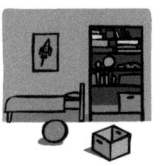

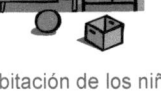

la habitación de los niños
....
חדר ילדים

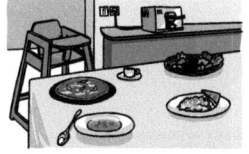

el comedor
....
חדר אוכל

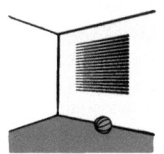

el suelo

רצפה

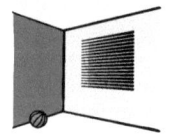

la pared

קיר

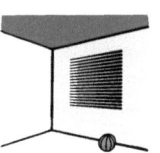

el techo

תקרה

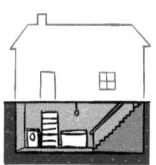

el sótano

מרתף

la sauna

סאונה

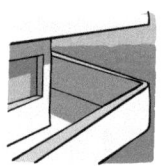

el balcón

מרפסת

la terraza

מרפסת

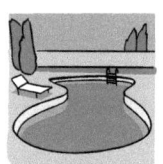

la piscina

בריכה

el cortacésped

מכסחת דשא

la sábana

סדין

la colcha

כיסוי מיטה

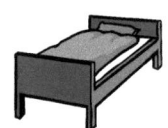

la cama

מיטה

la escoba

מטאטא

el balde

דלי

el interruptor

מפסק

la sala
סלון

el papel pintado
טפט
la imagen
תמונה
la lámpara
מנורה
el estante
מדף
el armario
ארון
la televisión
טלוויזיה
la chimenea
אח
la flor
פרח
el cojín
כרית
el sofá
ספה
el jarrón
אגרטל
el mando a distancia
שלט רחוק

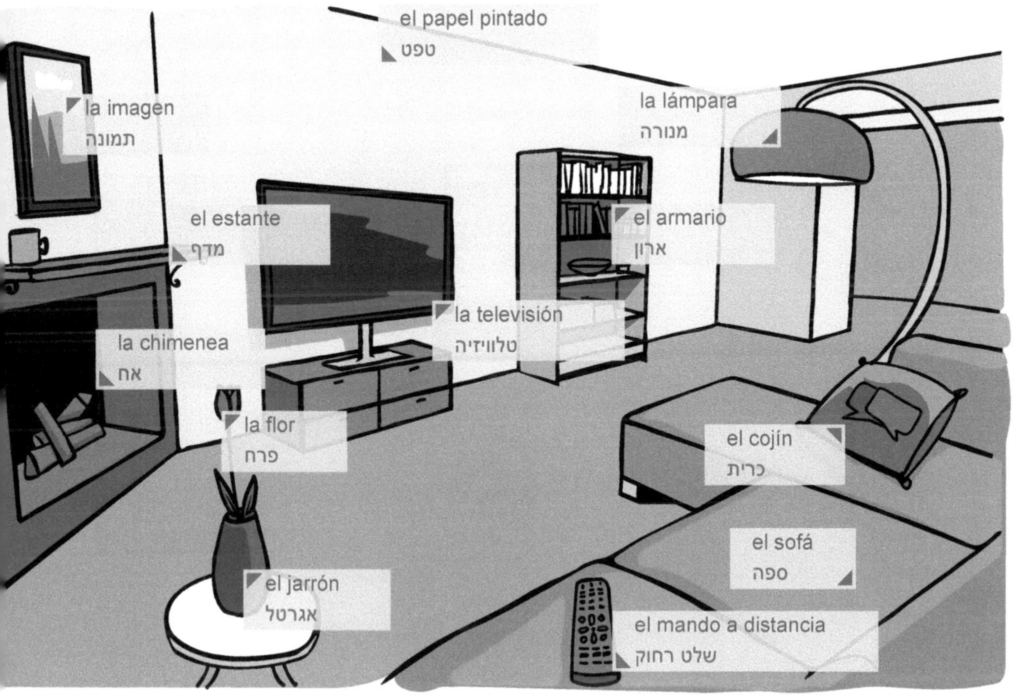

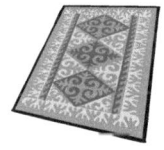

la alfombra

שטיח

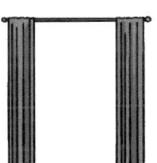

la cortina

וילון

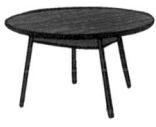

la mesa

שולחן

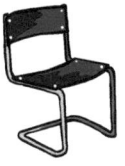

la silla

כסא

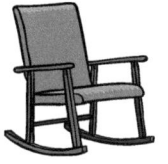

el mecedora

כיסא נדנדה

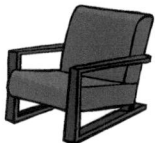

la butaca

כורסה

el libro

ספר

la manta

שמיכה

la decoración

דקורציה

la leña

עצי הסקה

la película

סרט

el equipo de música

מערכת סטריאו

la llave

מפתח

el periódico

עיתון

la pintura

ציור

el póster

פוסטר

la radio

רדיו

el cuaderno

מחברת

la aspiradora

שואב אבק

el cactus

קקטוס

la vela

נר

la cocina
מטבח

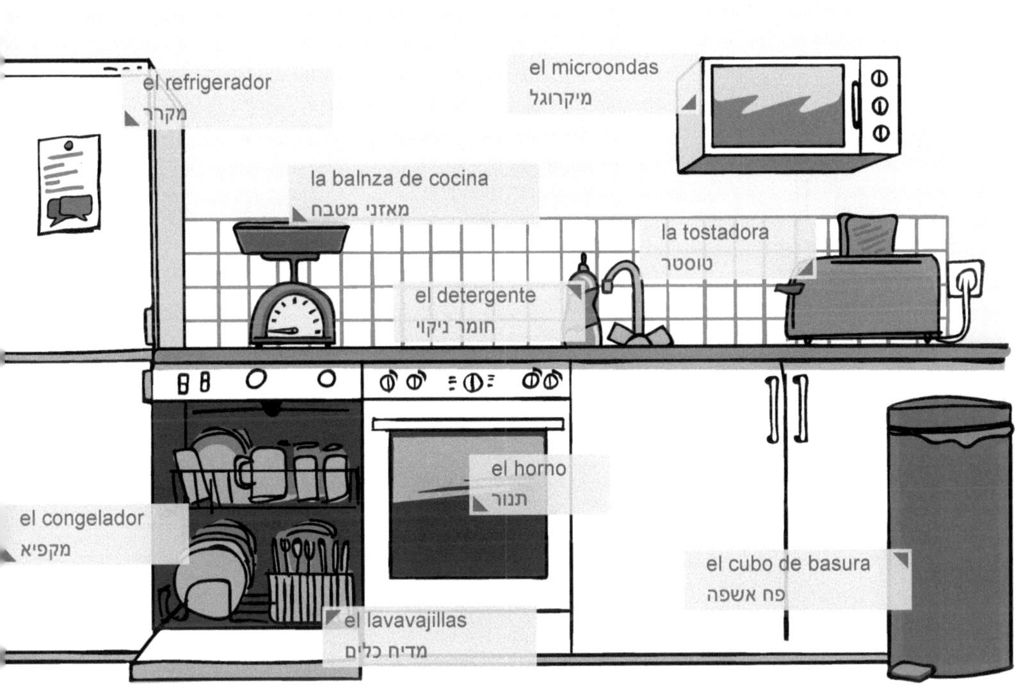
el refrigerador
מקרר
el microondas
מיקרוגל
la balnza de cocina
מאזני מטבח
la tostadora
טוסטר
el detergente
חומר ניקוי
el horno
תנור
el congelador
מקפיא
el cubo de basura
פח אשפה
el lavavajillas
מדיח כלים

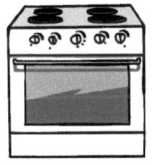

la olla a presión

תנור

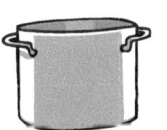

la olla

סיר

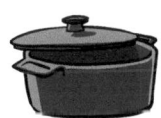

la olla de hierro fundido

סיר ברזל

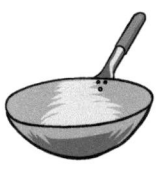

el wok

ווק

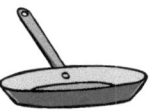

la cazuela

מחבת

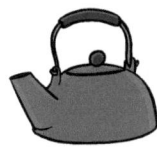

el hervidor

קומקום חשמלי

la vaporera

מאדה

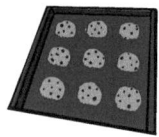

la chapa de horno

מגש אפייה

la vajilla

כלי אוכל

la taza

ספל

el tazón

קערה

los palillos

צ'ופסטיקס

el cucharón

מצקת

la espumadera

מרית

el batidor

מטרפה

el colador

מסננת בישול

el cedazo

מסננת

el rallador

מגרדת

el mortero

מכתש

la barbacoa

גריל

la hoguera

מדורה

la tabla de picar

קרש חיתוך

el rodillo

מערוך

el sacacorchos

פותחן פקקים

la lata

פחית

el abrelatas

פותחן קופסאות

el agarrador

מטלית

el lavabo

כיור

el cepillo

מברשת

la esponja

ספוג

la batidora

בלנדר

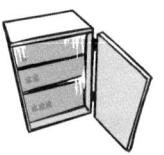

el congelador

מקפיא

ol bibcrón

בקבוק לתינוק

el grifo

ברז

el cuarto de baño

חדר אמבטיה

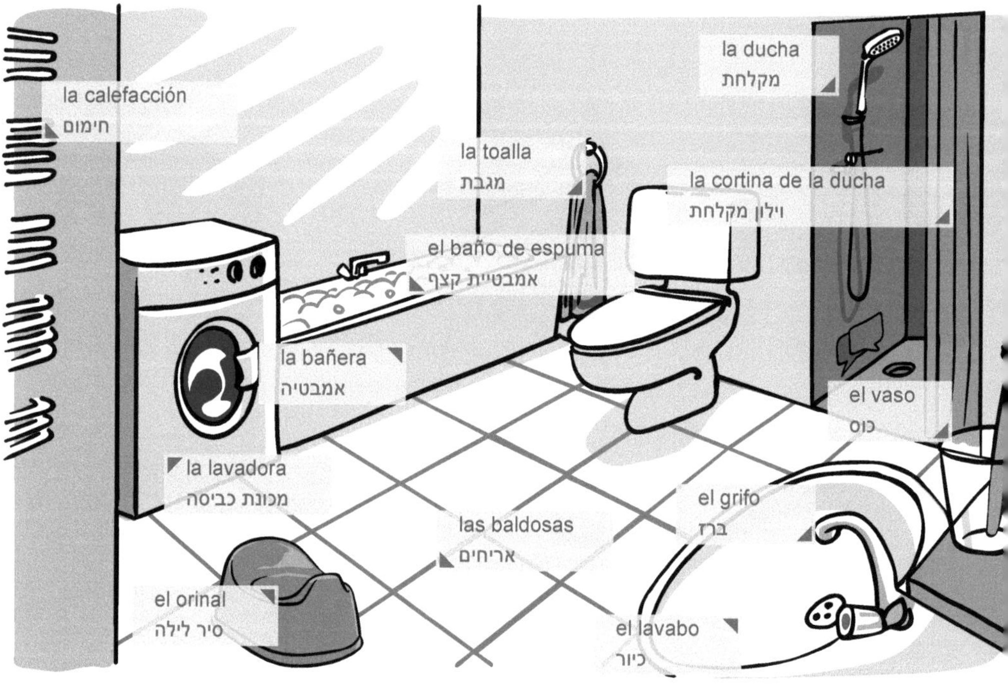

la calefacción
חימום
la toalla
מגבת
la ducha
מקלחת
la cortina de la ducha
וילון מקלחת
el baño de espuma
אמבטיית קצף
la bañera
אמבטיה
el vaso
כוס
la lavadora
מכונת כביסה
el grifo
ברז
las baldosas
אריחים
el orinal
סיר לילה
el lavabo
כיור

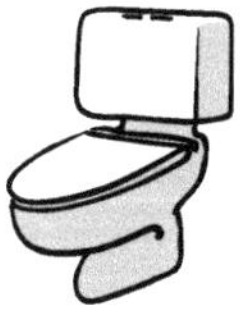

el inodoro

....

אסלה

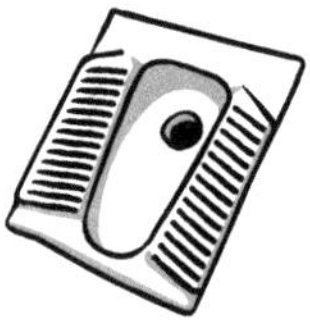

el inodoro rústico

....

אסלת כריעה

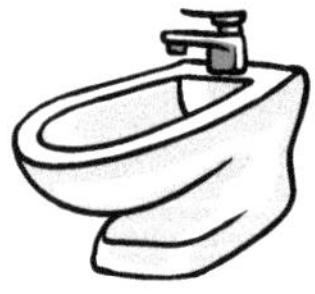

el bidé

....

בידה

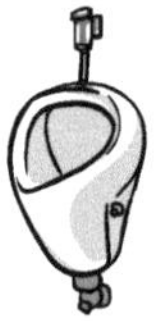

el urinario

....

משתנה

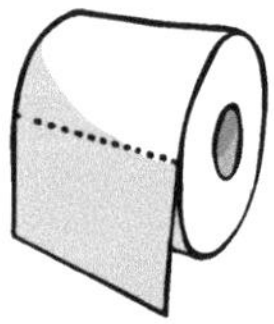

el papel higiénico

....

נייר טואלט

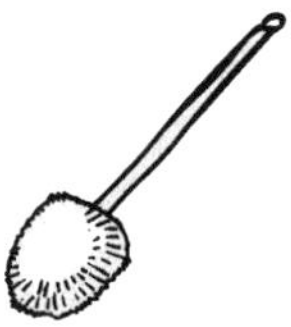

la escobilla del váter

....

מברשת אסלה

el cepillo de dientes

מברשת שיניים

la pasta de dientes

משחת שיניים

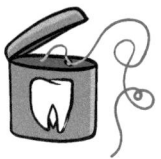

el hilo dental

חוט דנטלי

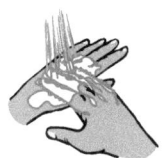

lavar

שטף

la ducha de mano

מקלחת יד

la ducha íntima

צינור שטיפה לשירותים

la pila

קערת רחצה

el cepillo de espalda

מברשת גב

el jabón

סבון

el gel de ducha

ג'ל רחצה

el champú

שמפו

la toallita

ליפה

el desagüe

ניקוז

la crema

קרם

el desodorante

דיאודורנט

el espejo

מראה

el espejo de tocador

מראת יד

la maquinilla de afeitar

סכין גילוח

la espuma de afeitar

קצף גילוח

la loción postafeitado

אפטרשייב

el peine

מסרק

el cepillo

מברשת

el secador

מייבש שיער

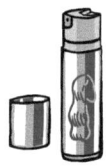

la laca

ספריי לשיער

el maquillaje

איפור

el pintalabios

שפתון

el pintauñas

לק

el algodón

צמר גפן

el cortauñas

מספריים לציפורניים

el perfume

בושם

el estuche de viaje

תיק כלי רחצה

la banqueta

שרפרף

la balanza

משקל

el albornoz

חלוק רחצה

los guantes de goma

כפפות גומי

el tampón

טמפון

la compresa

תחבושת סניטרית

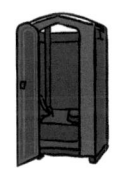

el inodoro químico

שירותים כימיקליים

la habitación de los niños

חדר ילדים

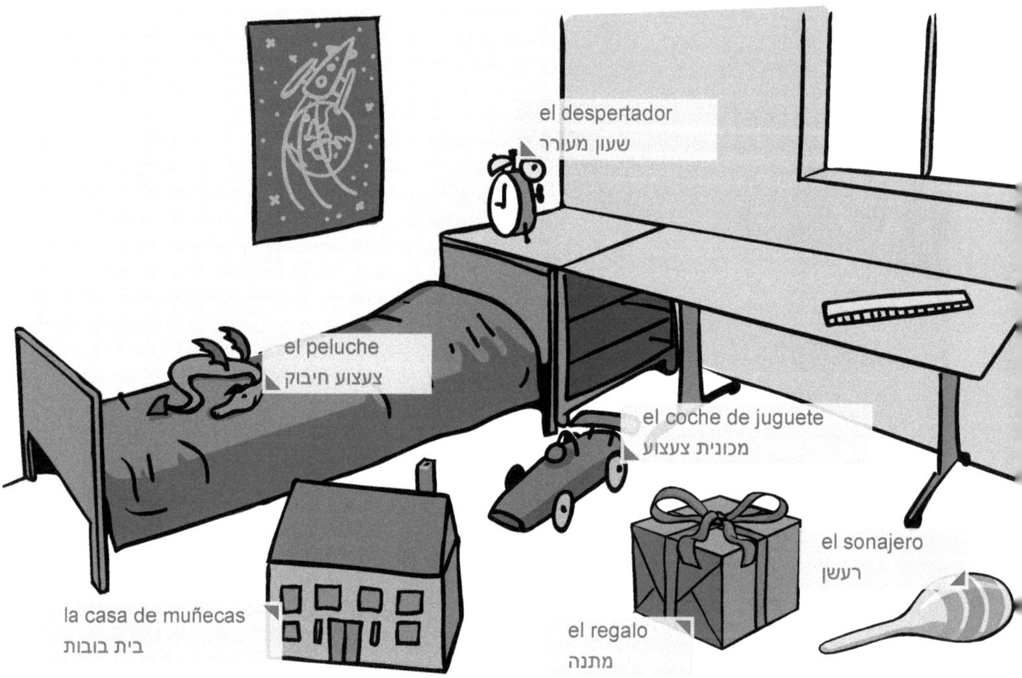

el despertador
שעון מעורר
el peluche
צעצוע חיבוק
el coche de juguete
מכונית צעצוע
el sonajero
רעשן
la casa de muñecas
בית בובות
el regalo
מתנה

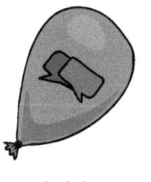

el globo

בלון

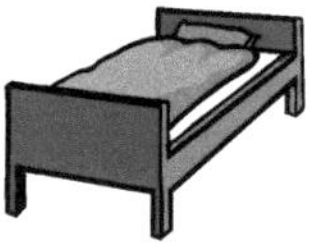

la cama

מיטה

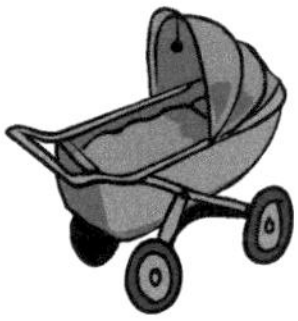

el coche de niño

עגלה

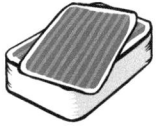

los naipes

משחק קלפים

el puzle

פאזל

SUPER
MEGA

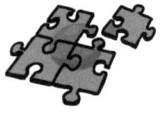

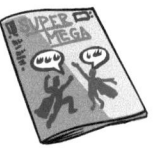

el tebeo

קומיקס

las piezas de lego

לגו

los bloques de juguete

קוביות משחק

la figura de acción

דמות משחק

el bodi (de bebé)

סרבל תינוקות

el frisbee

פריזבי

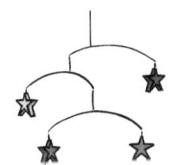

el colgador móvil para bebés

נייד

el juego de mesa

משחק לוח

los dados

קוביה

el circuito de tren eléctrico

רכבת צעצוע

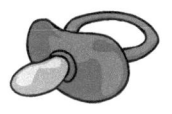

el maniquí

מוצץ

la fiesta

מסיבה

el álbum de fotos

אלבום תמונות

la pelota

כדור

la muñeca

בובה

jugar

שיחק

el cajón de arena

ארגז חול

el columpio

נדנדה

los juguetes

צעצועים

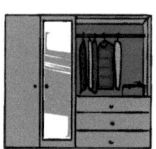

la videoconsola

קונסולת משחקים

el triciclo

אופניים תלת גלגלי

el oso de peluche

דובון

la guardarropa

ארון בגדים

la ropa

בגדים

los calcetines

גרביים

las medias

גרביונים

los leotardos

גרביון

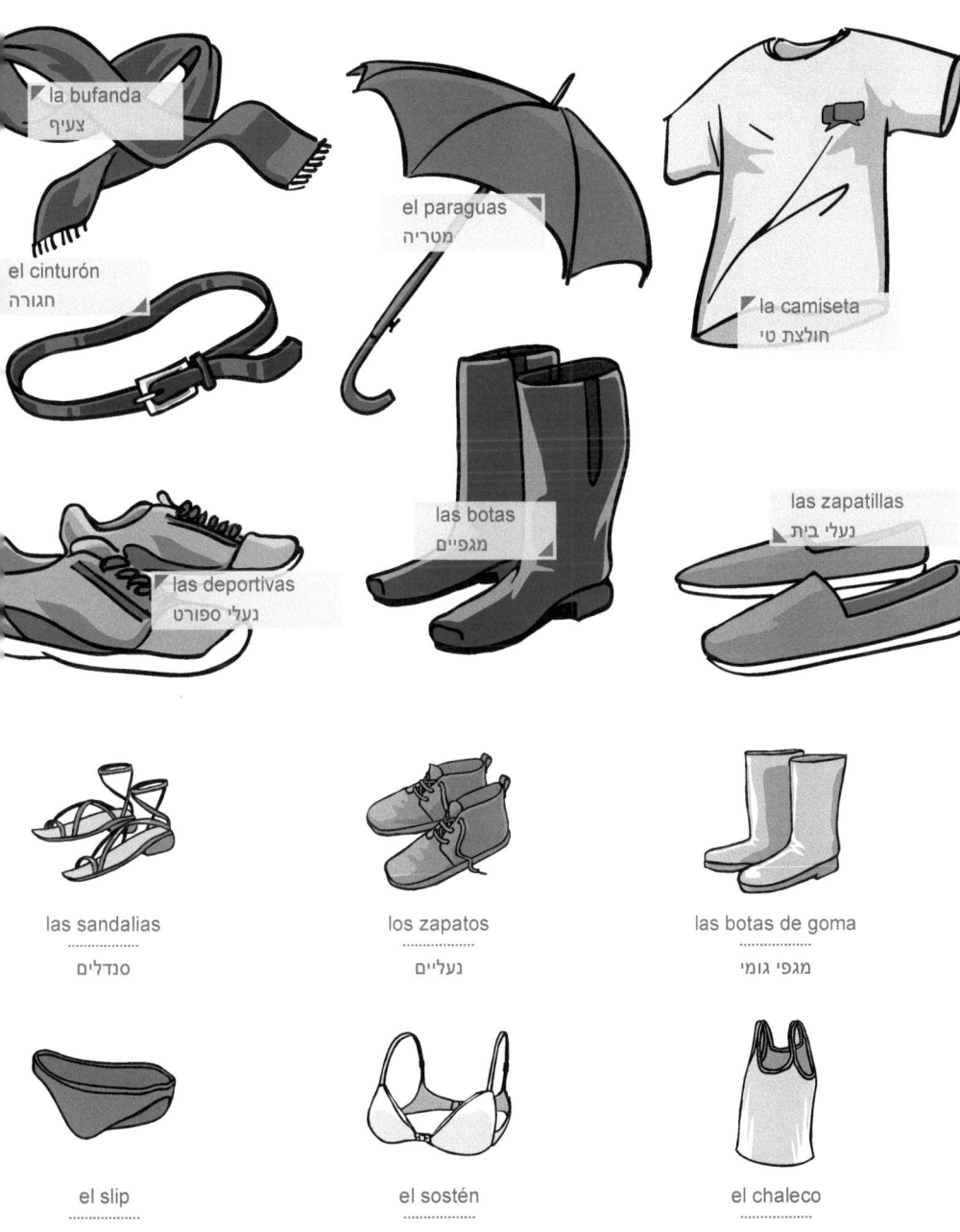

la bufanda
צעיף

el paraguas
מטריה

la camiseta
חולצת טי

el cinturón
חגורה

las botas
מגפיים

las zapatillas
נעלי בית

las deportivas
נעלי ספורט

las sandalias
סנדלים

los zapatos
נעליים

las botas de goma
מגפי גומי

el slip
תחתונים

el sostén
חזייה

el chaleco
וסט

la ropa - בגדים   45

el bodi

גוף

los pantalones cortos

מכנסיים

los vaqueros

ג'ינס

la falda

חצאית

la blusa

חולצה מכופתרת

la camisa

חולצה

el jersey

אפודה

el suéter

סווצ'ר עם קפוצ'ון

el blazer

בלייזר

la chaqueta

ז'קט

el abrigo

מעיל

la gabardina

מעיל גשם

el traje

תלבושת

el vestido

שמלה

el vestido de novia

שמלת כלה

el traje

חליפה

el camisón

כותונת לילה

el pijama

פיג'מה

el sati

סארי

el bandana

מטפחת ראש

el turbante

טורבן

la burka

בורקה

el caftán

קאפטן

la abaya

עבאיה

el traje de baño

בגד ים

el bañador

בגד ים

los pantalones cortos

מכנסיים קצרים

el chándal

בגד אימון

el delantal

סינר

los guantes

כפפות

el botón

כפתור

las gafas

משקפיים

el brazalete

צמיד יד

el collar

שרשרת

el anillo

טבעת

el pendiente

עגיל

la gorra

כובע

la percha

קולב

el sombrero

כובע

la corbata

עניבה

la cremallera

רוכסן

el casco

קסדה

los tirantes

כתפיות

el uniforme

תלבושת בית ספר

el uniforme

מדים

el babero

מפית אוכל

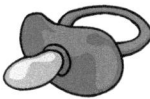

el maniquí

מוצץ

el pañal

חיתול

la oficina

משרד

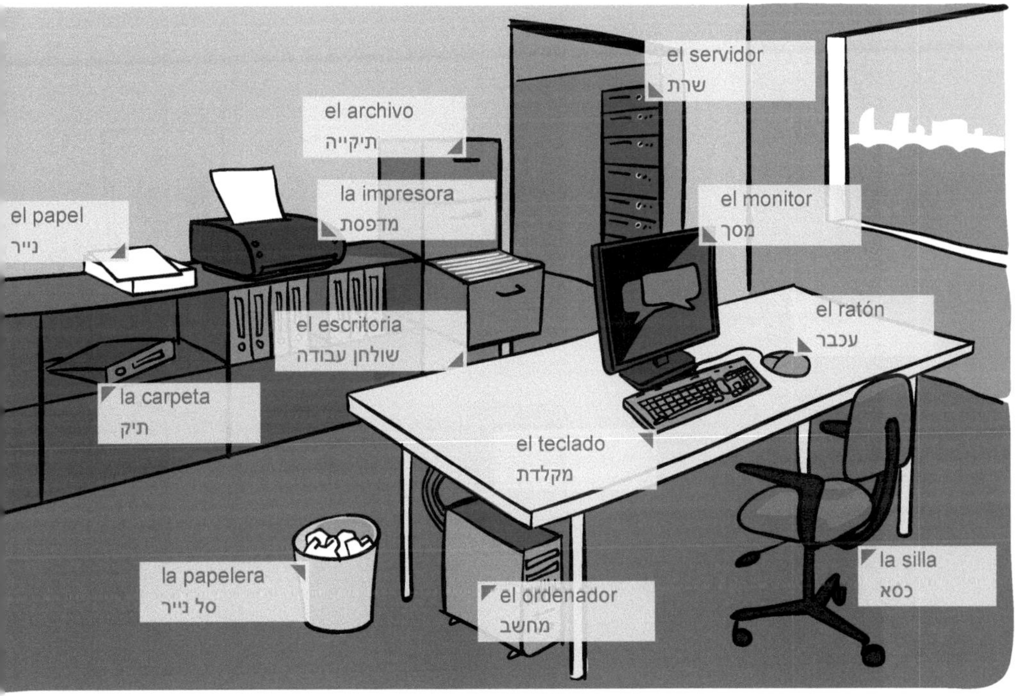

el servidor

שרת

el archivo

תיקייה

la impresora

מדפסת

el monitor

מסך

el papel

נייר

el escritoria

שולחן עבודה

el ratón

עכבר

la carpeta

תיק

el teclado

מקלדת

la papelera

סל נייר

el ordenador

מחשב

la silla

כסא

la taza de café

ספל קפה

la calculadora

מחשבון

el internet

אינטרנט

el portátil

מחשב נייד

la carta

מכתב

el mensaje

הודעה

el móvil

נייד

la red

רשת

la fotocopiadora

מכונת צילום

el software

תוכנה

el teléfono

טלפון

la toma de corriente

שקע

el fax

פקס

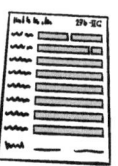

el formulario

טופס

el documento

מסמך

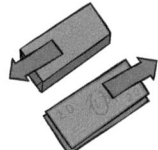

comprar

קנה

pagar

שילם

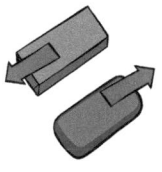

comerciar

סחר

el dinero

כסף

el dólar

דולר

el euro

יורו

el yen

י

el rublo

רובל

el franco suizo

פרנק שווייצרי

el renminbi yuan

יואן רנמינבי

la rupia

רופי

el cajero automático

כספומט

la oficina de cambio de divisas

המרת מטבע

el oro

זהב

la plata

כסף

el petróleo

נפט

la energía

אנרגיה

el precio

מחיר

el contrato

חוזה

el impuesto

מס

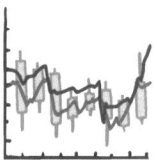

la acción

מנייה

trabajar

עבד

el empleador

עובד

el empleador

מעסיק

la fábrica

מפעל

la tienda de campaña

חנות

los oficios

מקצועות

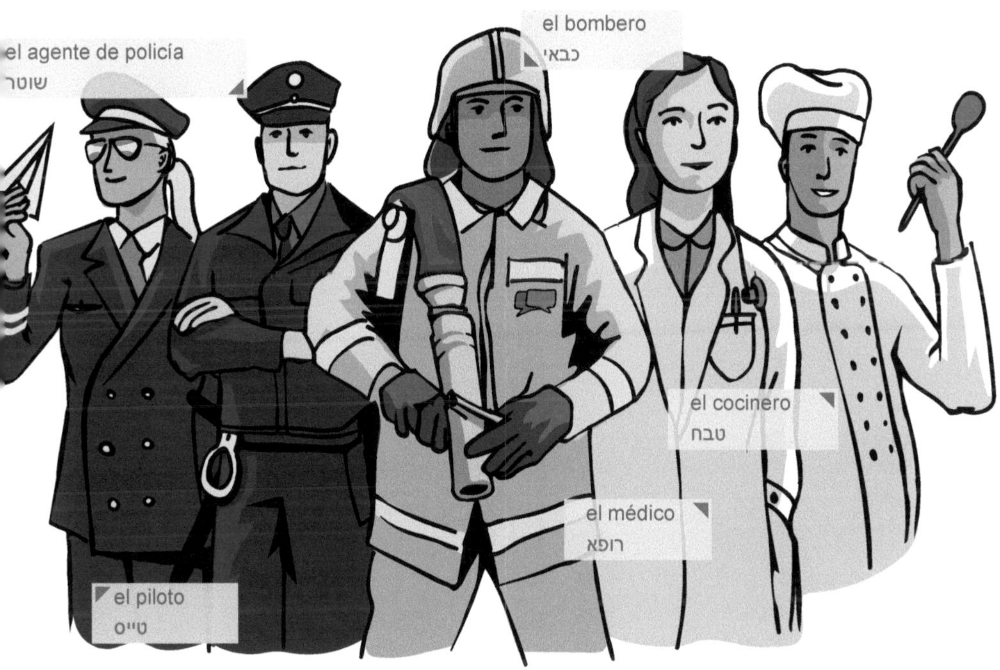
el bombero
כבאי
el agente de policía
שוטר
el cocinero
טבח
el médico
רופא
el piloto
טייס

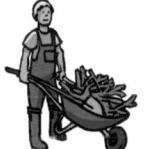

el jardinero

גנן

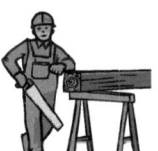

el carpintero

נגר

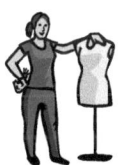

la costurera

תופרת

el juez

שופט

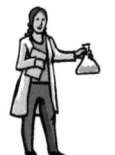

el farmacéutico

כימאי

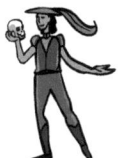

el actor

שחקן

el conductor de autobús

נהג אוטובוס

el taxista

נהג מונית

el pescador

דייג

la señora de la limpieza

עובדת נקיון

el techador

מתקן גגות

el camarero

מלצר

el cazador

צייד

el pintor

צייר

el panadero

אופה

el electricista

חשמלאי

el obrero

עובד בניין

el ingeniero

מהנדס

el carnicero

קצב

el fontanero

אינסטלטור

el cartero

דוור

el soldado

חייל

el arquitecto

אדריכל

el cajero

קופאי

el florista

מוכר פרחים

el peluquero

ספר

el revisor

כרטיסן

el mecánico

מכונאי

el capitán

קברניט

el dentista

רופא שיניים

el científico

מדען

el rabino

רב

el imán

אימאם

el monje

נזיר

el sacerdote

כומר

las herramientas

כלי עבודה

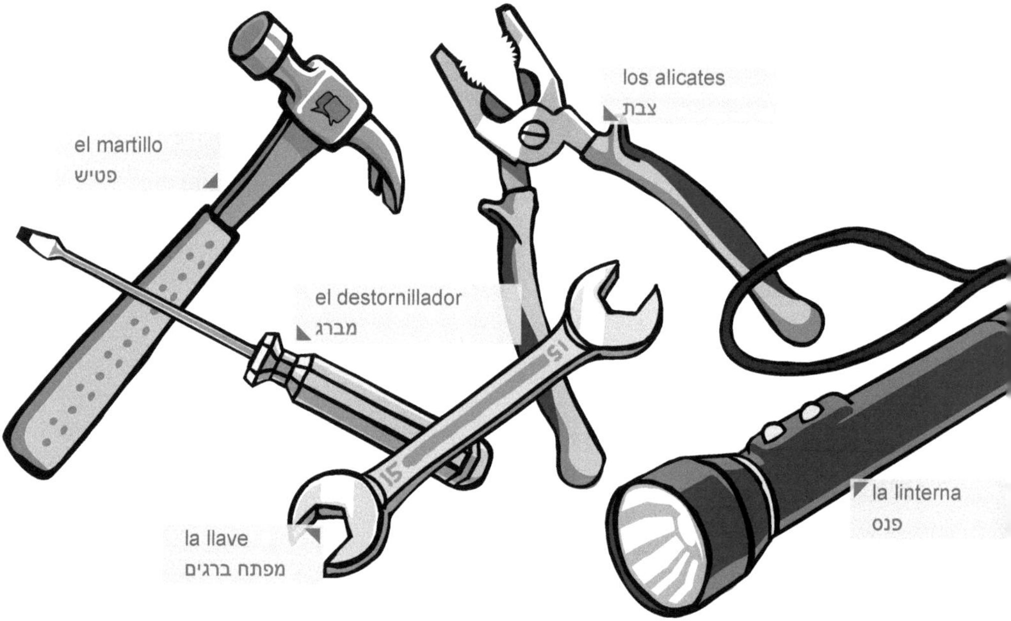

el martillo
פטיש

los alicates
צבת

el destornillador
מברג

la llave
מפתח ברגים

la linterna
פנס

la excavadora
דחפור

la caja de herramientas
ארגז כלים

la escalera de mano
סולם

la sierra
מסור

los clavos
מסמרים

el taladro
מקדחה

reparar

תיקון

la pala

את חפירה

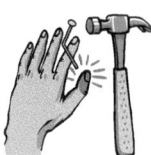

¡Maldita sea!

לעזאזל!

el recogedor

יעה

el bote de pintura

פח צבע

los tornillos

ברגים

los instrumentos musicales
כלי נגינה

la batería
מערכת תופים

el altavoz
רמקול

la guitarra
גיטרה

el contrabajo
קונטראבס

la trompeta
חצוצרה

el piano

פסנתר

el violín

כינור

bajo

בס

los timbales

תוף הדוד

el tambor

תופים

el teclado

מקלדת פסנתר

el saxofón

סקסופון

la flauta

חליל

el micrófono

מיקרופון

el zoo
גן חיות

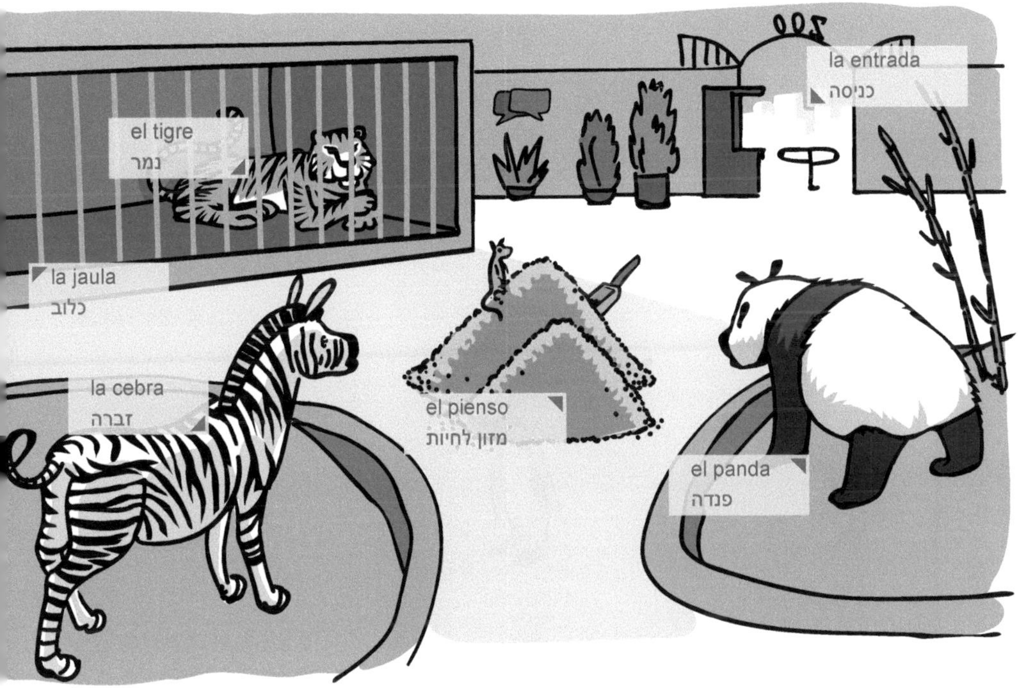
zoo
la entrada
כניסה
el tigre
נמר
la jaula
כלוב
la cebra
זברה
el pienso
מזון לחיות
el panda
פנדה

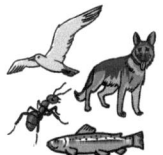

los animales

בעלי חיים

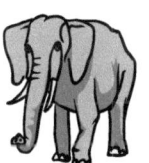

el elefante

פיל

el canguro

קנגרו

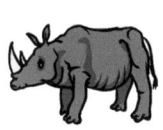

el rinoceronte

קרנף

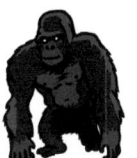

el gorila

גורילה

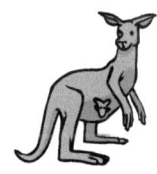

el oso

דוב

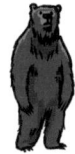

el camello

גמל

el avestruz

יען

el león

אריה

el mono

קוף

el flamingo

פלמינגו

el loro

תוכי

el oso polar

דוב הקרח

el pingüino

פינגווין

el tiburón

כריש

el pavo real

טווס

la serpiente

נחש

el cocodrilo

תנין

el guardián de zoológico

שומר גן החיות

la foca

כלב ים

el jaguar

יגואר

el poni

סוס פוני

el leopardo

לאופרד

el hipopótamo

היפופוטאם

la jirafa

ג'ירפה

el águila

נשר

el jabalí

חזיר בר

el pescado

דג

la tortuga

צב

la morsa

סוס ים

el zorro

שועל

la gacela

איילה

los deportes

ספורט

el fútbol americano
פוטבול אמריקאי

el ciclismo
רכיבת אופניים

el tenis
טניס

el baloncesto
כדורסל

la natación
שחיה

el boxeo
אגרוף

el hockey sobre hielo
הוקי

el fútbol
....
כדורגל

el bádminton
....
בדמינטון

el atletismo
....
אתלטיקה

el balonmano
....
כדור-יד

el esquí
....
עשה סקי

el polo
....
פולו

las actividades

פעילויות

reír
צחק
saltar
קפץ
abrazar
חיבק
caminar
הלך
cantar
שר
soñar
חלם
rezar
התפלל
besar
נשק

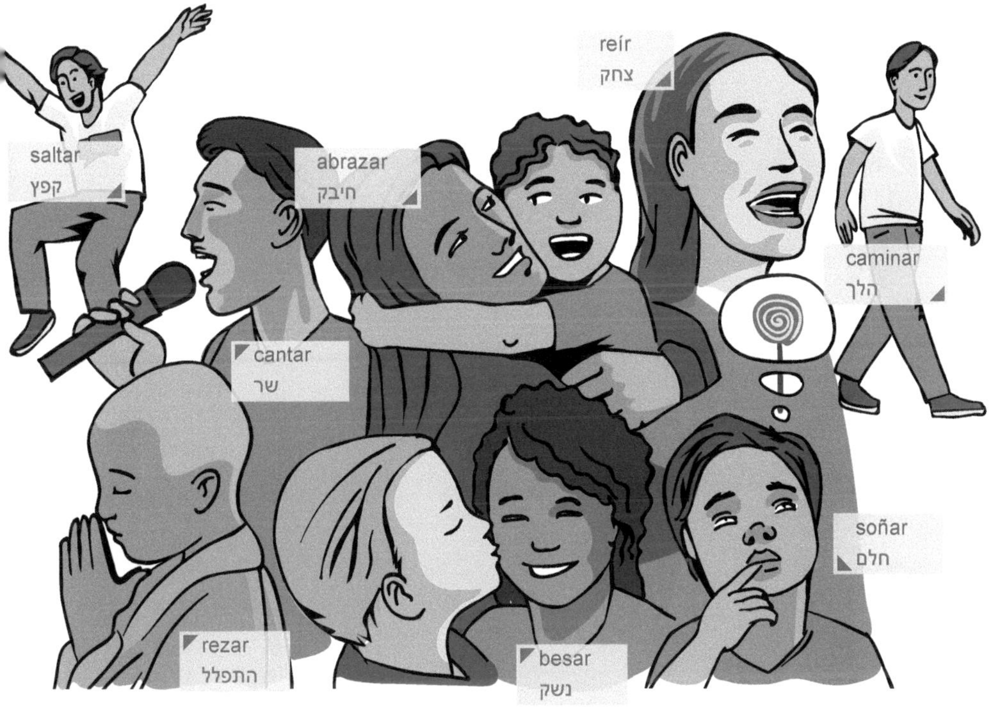

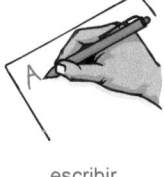

escribir

כתב

dibujar

צייר

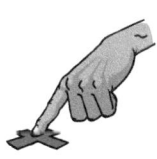

mostrar

הראה

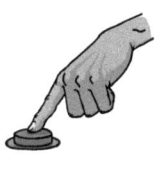

empujar

דחף

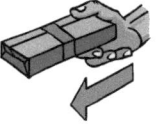

dar

נתן

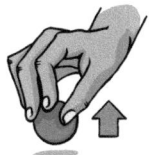

tomar

לקח

tener

יש / להיות הבעלים

hacer

עשה

ser

היה

estar de pie

עמד

correr

רץ

tirar

משך

tirar

זרק

caer

נפל

yacer

שכב

esperar

חיכה

llevar

סחב

estar sentado

ישב

vestirse

התלבש

dormir

ישן

despertar

התעורר

mirar

הסתכל ב-

llorar

בכה

acariciar

ליטף

peinar

סירק

hablar

דיבר

entender

הבין

preguntar

שאל

escuchar

שמע

beber

שתה

comer

אכל

ordenar

סידר

amar

אהב

cocinar

בישל

conducir

נהג

volar

עף

navegar

שט

calcular

חישב

leer

קרא

aprender

למד

trabajar

עבד

casarse

התחתן

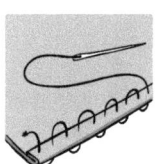

coser

תפר

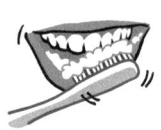

cepillarse los dientes

צחצח שיניים

matar

הרג

fumar

עישן

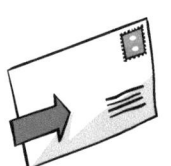

enviar

שלח

la familia

משפחה

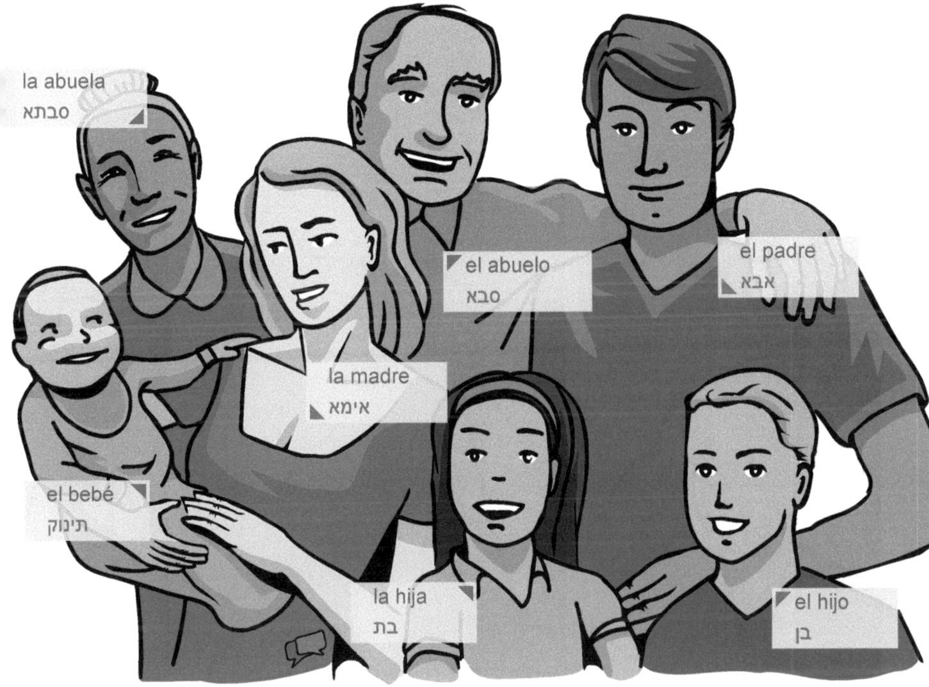

la abuela
סבתא
el abuelo
סבא
el padre
אבא
la madre
אימא
el bebé
תינוק
la hija
בת
el hijo
בן

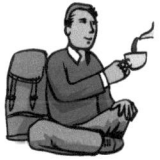

el invitado

אורח

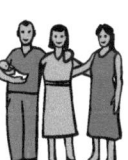

la tía

דודה

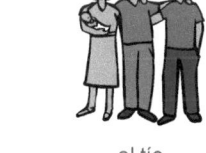

el tío

דוד

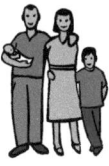

el hermano

אח

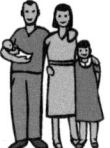

la hermana

אחות

el cuerpo

גוף

la frente
מצח
el ojo
עין
el hombro
כתף
el dedo
אצבע
la cara
פנים
la barbilla
סנטר
la mano
כף יד
la pierna
רגל
el pecho
חזה
el brazo
זרוע

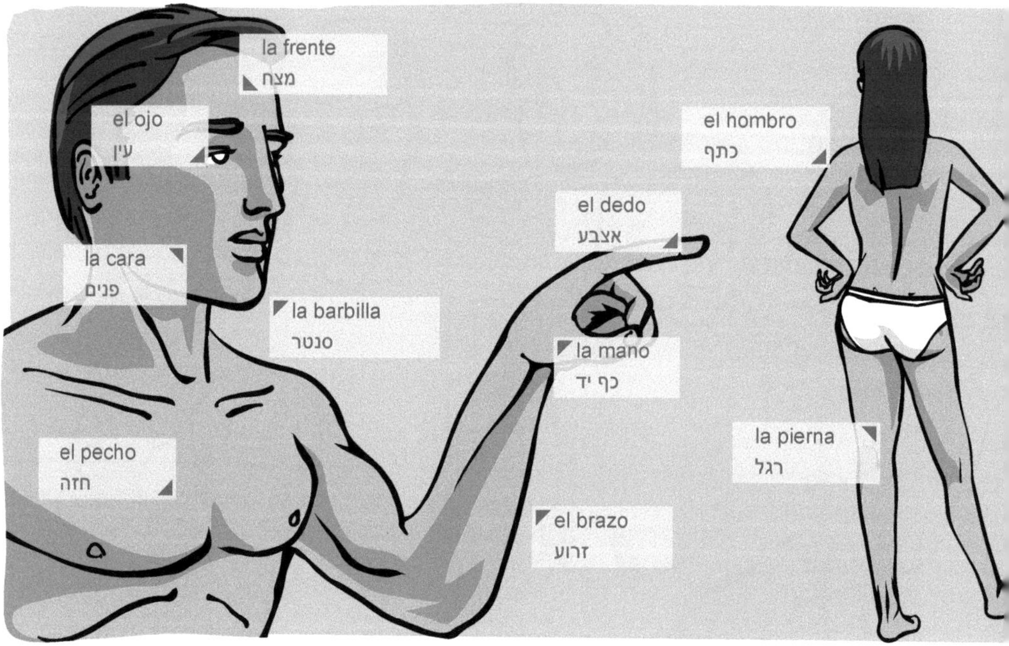

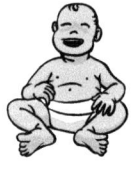

el bebé

תינוק

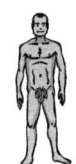

el hombre

איש

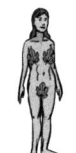

la mujer

אישה

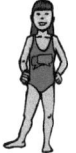

la chica

ילדה

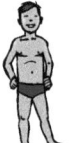

el chico

ילד

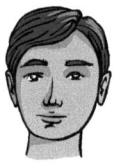

la cabeza

ראש

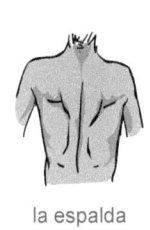

la espalda

גב

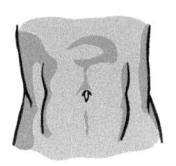

el vientre

בטן

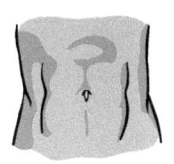

el ombligo

טבור

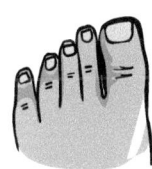

el dedo del pie

אצבע

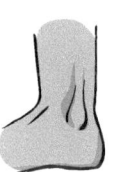

el talón

עקב

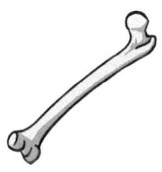

el hueso

עצם

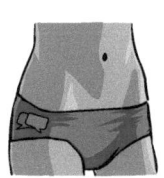

la cadera

ירך

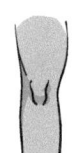

la rodilla

ברך

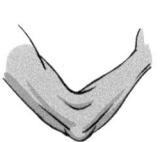

el codo

מרפק

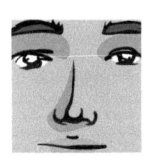

la nariz

אף

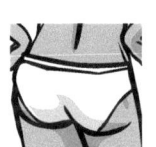

el trasero

עכוז

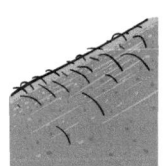

la piel

עור

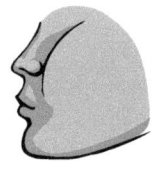

la mejilla

לחי

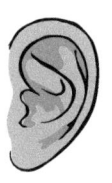

el oído

אוזן

el labio

שפתיים

la boca

פה

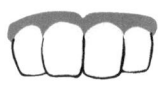

el diente

שן

la lengua

לשון

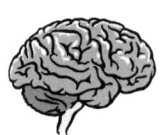

el cerebro

מוח

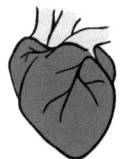

el corazón

לב

el músculo

שריר

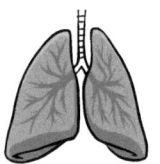

el pulmón

ריאה

el hígado

כבד

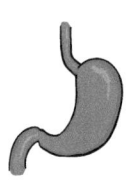

el estómago

קיבה

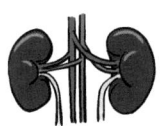

los riñones

כליות

el sexo

מין

el condón

קונדום

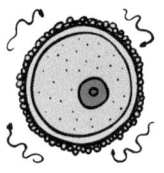

el ovario

ביצית

el semen

זרע

el embarazo

הריון

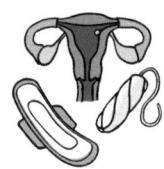

la menstruación

ווסת

la vagina

נרתיק

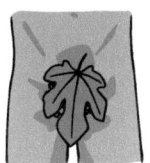

el pene

פין

la ceja

גבה

el pelo

שיער

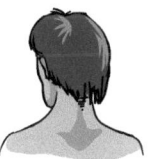

el cuello

צוואר

el hospital
בית חולים

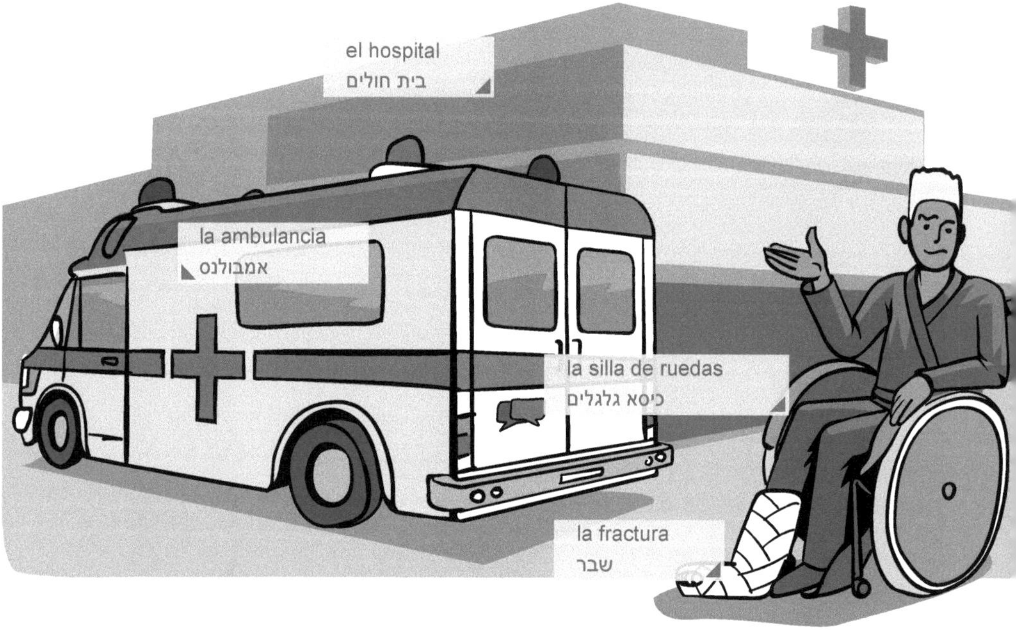

el hospital
בית חולים
la ambulancia
אמבולנס
la silla de ruedas
כיסא גלגלים
la fractura
שבר

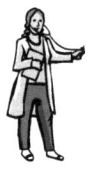

el médico
רופא

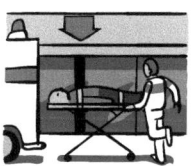

la sala de urgencias
חדר מיון

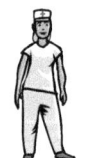

la enfermera
אחות

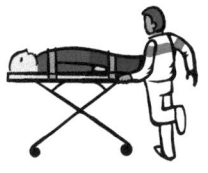

la urgencia
חירום

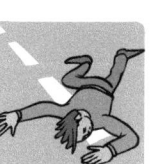

inconsciente
חסר הכרה

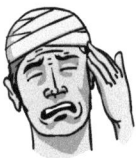

el dolor
כאב

la lesión

פציעה

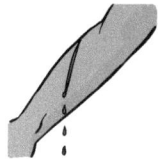

la hemorragia

דימום

el infarto

התקף לב

el ictus

שבץ

la alergia

אלרגיה

la tos

שיעול

la fiebre

חום

la gripe

שפעת

la diarrea

שלשול

el dolor de cabeza

כאב ראש

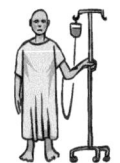

el cáncer

סרטן

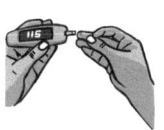

la diabetes

סוכרת

el cirujano

מנתח

el bisturí

אזמל

la operación

ניתוח

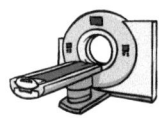

TAC

סי-טי

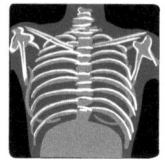

los rayos x

רנטגן

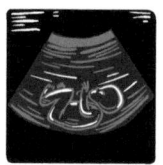

el ultrasonido

אולטרסאונד

la mascarilla

מסיכת פנים

la enfermedad

מחלה

la sala de espera

חדר המתנה

la muleta

קבה

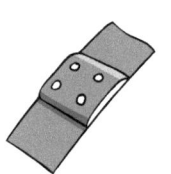

la tirita

פלסטר

la venda

תחבושת

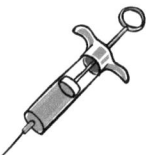

la inyección

זריקה

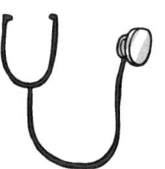

el estetoscopio

סטטוסקופ

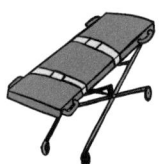

la camilla

אלונקה

el termómetro

מד חום

el nacimiento

לידה

el sobrepeso

עודף משקל

el audífono

מכשיר שמיעה

el desinfectante

מחטא

la infección

זיהום

el virus

נגיף

VIH / SIDA

איידס

la medicina

תרופה

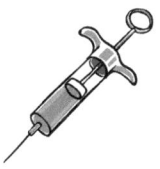

la vacunación

חיסון

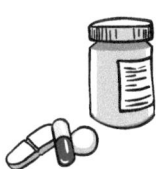

las tabletas

טבליות

la pastilla

גלולה

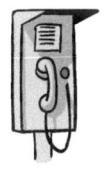

la llamada de urgencia

קריאת חירום

el tensiómetro

מד לחץ דם

enfermo / sano

חולה / בריא

¡Socorro!

הצילו!

la alarma

אזעקה

el asalto

פשיטה

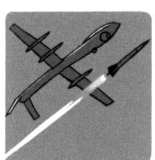

el ataque

תקיפה

el peligro

סכנה

la salida de emergencia

יציאת חירום

¡Fuego!

אש!

el extintor de incendios

מטף כיבוי

el accidente

תאונה

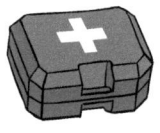

el botiquín de primeros auxilios

ערכת עזרה ראשונה

SOS

הצילו!

la policía

משטרה

Europa

אירופה

Norteamérica

צפון אמריקה

Sudamérica

דרום אמריקה

África

אפריקה

Asia

אסיה

Australia

אוסטרליה

el atlántico

האוקיינוס האטלנטי

el Pacífico

האוקיינוס השקט

el Océano Índico

האוקיינוס ההודי

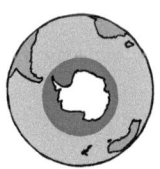

el Océano Antártico

האוקיינוס האנטרקטי

el Océano Ártico

האוקיינוס הארקטי

el polo norte

הקוטב הצפוני

el polo sur

הקוטב הדרומי

La Antártida

אנטארקטיקה

la tierra

כדור הארץ

la tierra

אדמה

el mar

ים

la isla

אי

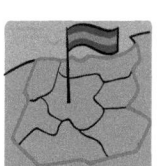

la nación

לאום

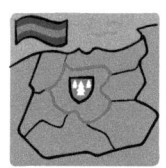

el estado

מדינה

la esfera

פני השעון

la manecilla de las horas

מחוג השעות

el minutero

מחוג הדקות

el segundero

מחוג השניות

¿Qué hora es?

?מה השעה

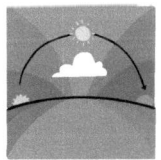

el día

יום

el tiempo

זמן

ahora

עכשיו

el reloj digital

שעון דיגיטלי

el minuto

דקה

la hora

שעה

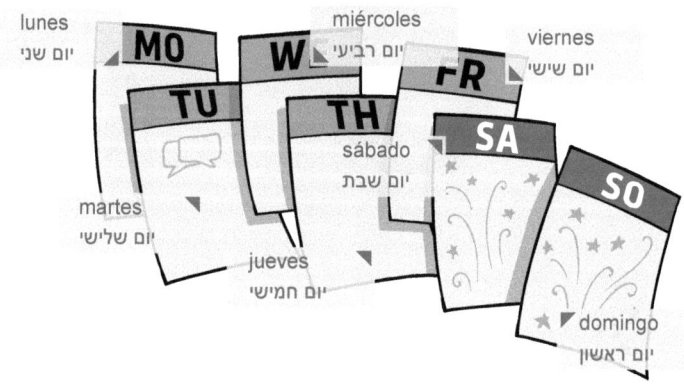

lunes
יום שני

miércoles
יום רביעי

viernes
יום שישי

sábado
יום שבת

martes
יום שלישי

jueves
יום חמישי

domingo
יום ראשון

ayer
אתמול

hoy
היום

mañana
מחר

la mañana
בוקר

el mediodía
צהריים

la tarde
ערב

MO	TU	WE	TH	FR	SA	SU
1	2	3	4	5	6	7
8	9	10	11	12	13	14
15	16	17	18	19	20	21
22	23	24	25	26	27	28
29	30	31	1	2	3	4

los días laborables
ימי עבודה

MO	TU	WE	TH	FR	SA	SU
1	2	3	4	5	6	7
8	9	10	11	12	13	14
15	16	17	18	19	20	21
22	23	24	25	26	27	28
29	30	31	1	2	3	4

el fin de semana
סוף שבוע

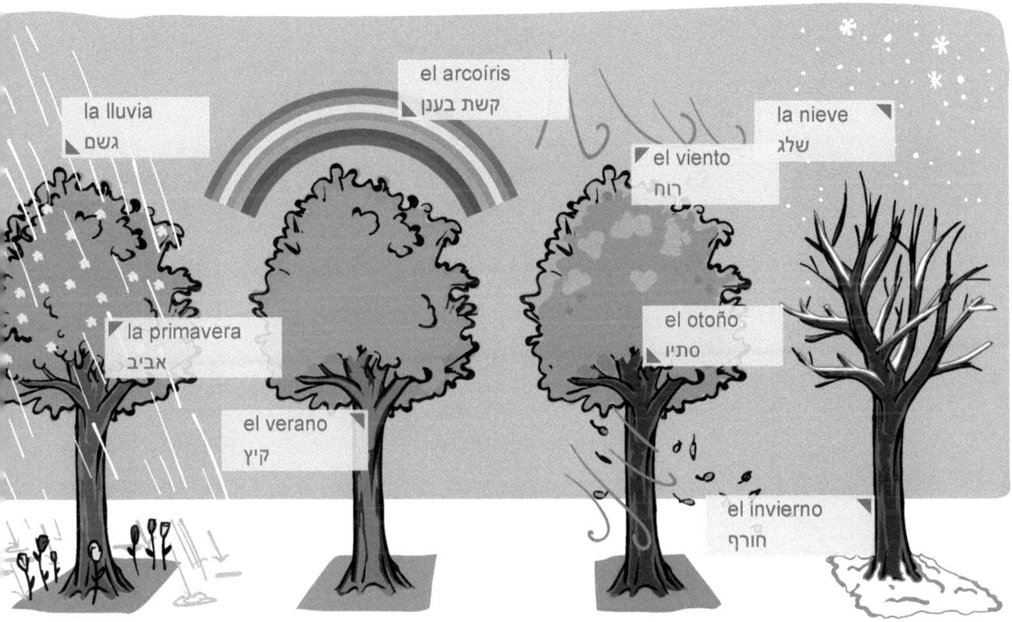

la lluvia
גשם
el arcoíris
קשת בענן
la nieve
שלג
el viento
רוח
la primavera
אביב
el otoño
סתיו
el verano
קיץ
el invierno
חורף

4.APRIL 11°
5.APRIL 4°
6.APRIL 13°
7.APRIL 8°
8.APRIL 10°

el pronóstico del tiempo

תחזית מזג האוויר

F C
120 40
90 30
60 20
30 10
0 0
-30 -10
-20

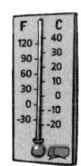

el termómetro

מד חום

el sol

אור שמש

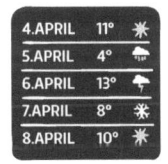

la nube

ענן

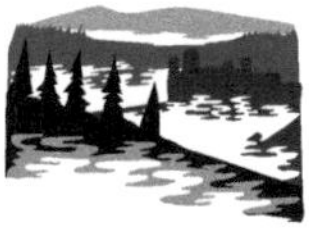

la niebla

ערפל

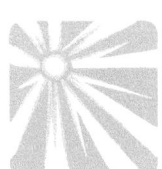

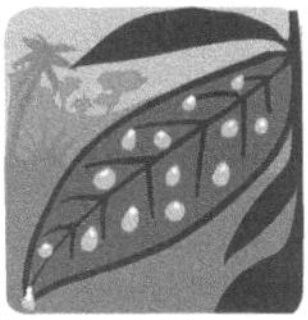

la humedad

לחות

el rayo

ברק

el trueno

רעם

la tormenta

סערה

el granizo

ברד

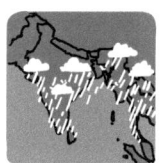

el monzón

רוח עונתי

la inundación

שיטפון

el hielo

קרח

enero

ינואר

febrero

פברואר

marzo

מרץ

abril

אפריל

mayo

מאי

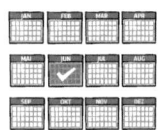

junio

יוני

julio

יולי

agosto

אוגוסט

septiembre
....
ספטמבר

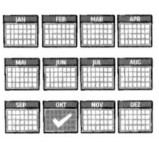

octubre
....
אוקטובר

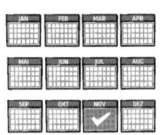

noviembre
....
נובמבר

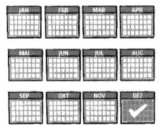

diciembre
....
דצמבר

las formas

צורות

el círculo
....
עיגול

el cuadrado
....
מרובע

el rectángulo
....
מלבן

el triángulo
....
משולש

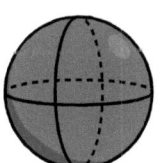

la esfera
....
כדור

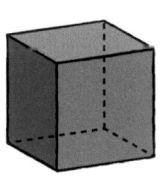

el cubo
....
קובייה

blanco

לבן

amarillo

צהוב

anaranjado

כתום

rosa

ורוד

rojo

אדום

morado

סגול

azul

כחול

verde

ירוק

marrón

חום

gris

אפור

negro

שחור

mucho / poco

הרבה / מעט

enojado / tranquilo

כועס / רגוע

bonito / feo

יפה / מכוער

principio / fin

התחלה / סוף

grande / pequeño

גדול / קטן

claro / oscuro

בהיר / כהה

el hermano / la hermana

אח / אחות

limpio / sucio

נקי / מלוכלך

completo / incompleto

שלם / חלקי

el día / la noche

יום / לילה

muerto / vivo

מת / חי

ancho / estrecho

רחב / צר

comestible / no comestible

אכיל / לא אכיל

malo / amable

רשע / טוב לב

entusiasmado / aburrido

מתרגש / משועמם

gordo / delgado

שמן / רזה

primero / último

ראשון / אחרון

el amigo / el enemigo

חבר / אויב

lleno / vacío

מלא / ריק

duro / blando

קשה / רך

pesado / ligero

כבד / קל

el hambre / la sed

רעב / צמא

enfermo / sano

חולה / בריא

ilegal / legal

בלתי-חוקי / חוקי

inteligente / tonto

נבון / טיפש

izquierda / derecha

שמאל / ימין

cerca / lejos

קרוב / רחוק

nuevo / usado

חדש / משומש

nada / algo

כלום / משהו

viejo / joven

זקן / צעיר

encendido / apagado

פעיל / כבוי

abierto / cerrado

פתוח / סגור

silencioso / ruidoso

שקט / רועש

rico / pobre

עשיר / עני

correcto / incorrecto

נכון / שגוי

áspero / suave

מחוספס / חלק

triste / contento

עצוב / שמח

corto / largo

קצר / ארוך

lento / rápido

איטי / מהיר

húmedo / seco

רטוב / יבש

cálido / frío

חם / קר

guerra / paz

מלחמה / שלום

0	**1**	**2**
cero	uno	dos
אפס	אחת	שתיים

3	**4**	**5**
tres	cuatro	cinco
שלוש	ארבע	חמש

6	**7**	**8**
seis	siete	ocho
שש	שבע	שמונה

9	**10**	**11**
nueve	diez	once
תשע	עשר	אחת-עשרה

12
doce
שתים-עשרה

13
trece
שלוש-עשרה

14
catorce
ארבע-עשרה

15
quince
חמש-עשרה

16
dieciséis
שש-עשרה

17
diecisiete
שבע-עשרה

18
dieciocho
שמונה-עשרה

19
diecinueve
תשע-עשרה

20
veinte
עשרים

100
cien
מאה

1.000
mil
אלף

1.000.000
el millón
מיליון

el inglés

אנגלית

el inglés americano

אנגלית אמריקאית

el chino madarín

סינית מנדרינית

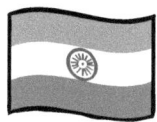

el hindi

הודית

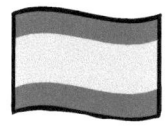

el español

ספרדית

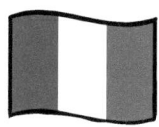

el francés

צרפתית

el árabe

ערבית

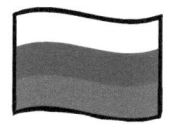

el ruso

רוסית

el portugués

פורטוגזית

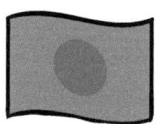

el bengalí

בנגלית

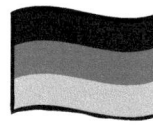

el alemán

גרמנית

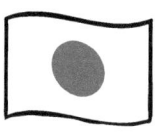

el japonés

יפנית

yo

אני

tú

אתה / את

él / ella / ello

הוא / היא / זה

nosotros/as

אנחנו

vosotros/as

אתם

ellos/as

הם

¿quién?

מי?

¿qué?

מה?

¿cómo?

איך?

¿dónde?

איפה?

¿cuándo?

מתי?

el nombre

שם

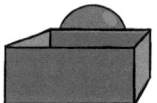

detrás

מאחור

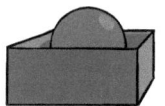

en

בתוך

delante de

לפני

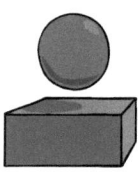

por encima de

מעל

sobre

על

debajo de

מתחת

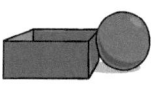

junto a

ליד

entre

בין

el lugar

מקום